Kids & Bits
Rechner und Internet für Kinder

Lothar Herbst

Kids & Bits

Rechner und Internet für Kinder

*Bibliografische Information der Deutschen Nationalbibliothek:
Die Deutsche Nationalbibliothek verzeichnet diese Publikation in der Deutschen Nationalbibliografie;
detaillierte bibliografische Daten sind im Internet über http://dnb.dnb.de abrufbar.*

© 2017 Name des Autors/Rechteinhabers **LOTHAR HERBST**

Illustration: **Lothar Herbst**
Übersetzung: **keine**
weitere Mitwirkende: **keine/r**

Herstellung und Verlag: BoD – Books on Demand, Norderstedt

ISBN: 978-3-743163126

Inhaltsverzeichnis

– Vorwort
– So fing alles an
– Kennt ihr Tom
– Warum Kids & Bits

– Rechner allgemein

– Hardware
– Festplatten
– SSD Festplatten
– Motherboard
– Slot
– Grafikkarte
– RAM
– ROM
– CPU
– USB-Port

– Netzwerk-Gateway

– Microsoft, Windows
– Apple, macOS

– Software
– Betriebssysteme
– Programmiersprachen

– Terminal
– Administrator
– Internet
– Provider
– Browser
– Router
– Editor
– Link
– Anker-Link

– Was ist eine Website?
– Was ist eine Frame?
– Was ist eine iFrame?
– Was ist ein Impressum?

– Soziale Netzwerke
– Benutzerprofil
– Chatten
– E-Mail

– Wichtige Kids-Infos
– Wichtige Eltern-Infos

– Surfschein
– zu guter Letzt

– my KidsBits
– my KidsWorld

Vorwort

Hallo ihr lieben Kids.

Ich bin der Lothar, und 1956 in Duisburg geboren. Das liegt aber schon einige Jahre zurück. Meine Kindheit hatte ich mit weiteren fünf Geschwistern geteilt, was nicht immer einfach war. Den Luxus von heute gab es damals nicht, gespielt wurde auf der Straße.

Damals gab es natürlich noch keinen PC, Laptop, Tablet, oder Handy und allerlei elektronischer Spielgeräte. Die gab es erst viel später. Wir hatten gerade erst einmal einen schwarz-weiß Fernseher, aber der leierte für uns Kinder gerade mal zwei Stunden am Tag und dazu hatte man nur zwei Programme zur Wahl.

Was taten wir damals eigentlich so in unsere Freizeit?

Sehr gute Frage.

Nach den Hausaufgaben mussten wir uns meist draußen auf der Straße und bei jedem Wetter aufhalten. Aber das hat uns natürlich damals gar nicht gestört.

Dafür gab es aber viele Kinder auf den Straßen, mit denen man prima spielen konnte. Das solltet ihr übrigens auch öfters mal wieder mit euren Freunden machen.

Aber bitte nicht nur zum Spielen mit dem Handy und allen anderen elektronischer Spielgeräte. Und wenn es denn schon sein muss, dann alles bitte nur zeitlich begrenzen, damit ihr keinen Buckel oder steifen Hals vom ewigen Runterschauen bekommt.

Versprochen?

So fing alles an

Im Jahre 1981 hatte ich meinen ersten PC, oder auch Rechner genannt, in meinen Besitz gehabt. Den hatten damals nur sehr wenige Leute. Das Internet gab es zu dieser Zeit noch nicht. In der Anfangszeit war ein PC im Vergleich zu heute schon sehr teuer. Ich habe mir im Laufe der Zeit selber vier Programmiersprachen beigebracht, so auch damals die gerade noch am Anfang stehende HTML-Sprache, oder auch Syntax für Webbrowser genannt.

Später im Jahre 2012 hatte ich auch zwei Kinderwebseiten entwickelt und im Jahre 2013 veröffentlicht, für die ich dann aus der Hand von Landrat Dr. Ansgar Müller 2014 den Ehrenpreis *„Kinderfreundlicher Kreis Wesel 2013"* bekam.

Da hatte ich mich aber riesig gefreut ☺

Kennt ihr Tom?

Nein - natürlich nicht, jedenfalls nicht meinen Tom. Der ist bald 10 Jahre alt und mein Enkelsohn. Er liegt gerade wieder vor seinen Laptop. Tom ist aber irgendwie auch mein Trainer.

Nein - nicht Fußball, sondern für Euch! Tom fragt mich ganz viel. Seine Freunde und andere Kinder haben aber auch ganz viele Fragen zum Rechner und alles, was mit Internet zu tun hat, und da hat mich Tom auf eine Idee gebracht. Er weiß, dass ich im Internet für die Erwachsenen da bin. Die wollen auch immer ganz schön viel wissen. Für die mache ich schon lange Webseiten, warum also nicht auch für Kinder und das ganz einfach und verständlich geschrieben.

Warum Kids & Bits?

Wie ihr vielleicht schon wisst, wird im Internet viel in englischer Sprache gesprochen und geschrieben. So werden Kinder auch Kids genannt. Und da im Internet alles mit Nullen und Einsen programmiert wird, man sagt dazu auch Bits, habe ich dieses Buch einfach „Kids & Bits" genannt.

Passt doch, oder was sagt ihr dazu?

Rechner allgemein

Hi Kids, mein Name ist „Lollo", ich möchte euch nun durch dieses Buch begleiten. Wusstet ihr das schon? Unter den Begriff Rechner fallen vor allem die elektronischen Geräte, um es einmal ganz einfach zu beschreiben, die etwas errechnen können.

Irgendwie logisch, oder? Dazu gehören vor allem der PC, Laptop, Tablets, Spielekonsolen, Smartphones und eben auch Taschenrechner.

Ich möchte euch aber zunächst den Apple-Mac, PC (Personal-Computer) oder den Laptop im Aufbau erklären, weil ihr wahrscheinlich und hauptsächlich damit ins Internet gehen werdet.

Hardware

Das ist auch wieder aus dem Englischen und wird einfach ausgesprochen („Hartwär"). Die Aussprache der in Englisch geschriebenen Worte werde ich im weiteren Verlauf dieses Buches für euch in Klammern setzen, z.B. („Teddybär").

Unter Hardware versteht man alle erfassbaren Gegenstände, die mit dem Computer zu tun haben. Das wären zum Beispiel alle für uns sichtbare Bauteile, wie das Computergehäuse selber, oder der Monitor als Bildschirmausgabe, die Computermaus und die Tastatur zum Eingeben von Schrift und Befehlen, oder dem Drucker, um das Geschriebene auch auf Papier zu bringen. Aber alle auch für uns unsichtbaren Gegenstände, weil sie in dem Computer eingebaut sind, gehören dazu.

Ein Netzteil, eine Grafikkarte oder andere Einsteckkarten wäre ein Solches.

Da wären zum Beispiel die Festplatten, in der alle Programme und Daten gespeichert werden, oder dem ROM- und RAM-Speicher. Da wären auch noch die optischen Lesegeräte wie CD, DVD und Blue-Ray.

Was das ist erkläre ich euch gleich. Diese silbernen Scheiben unterscheiden sich hauptsächlich in ihrer Speichergröße, obwohl sie rein äußerlich gleich groß sind und fast gleich aussehen.

Festplatten

Die optische Festplatte besteht aus mehreren übereinander angeordneten Scheiben, ähnlich aussehend gestapelter CD-Scheiben verpackt in einem Gehäuse. Diese drehen sich dann ganz schnell. Ein Lesekopf fährt ständig zwischen diese Platten. Auf diese befinden sich die Dateninformationen, Dokumente, Fotos etc. Diese können beschrieben, sowie auch ausgelesen werden.

Erklärung!

Flüchtiger Speicher = Daten gehen stromlos **verloren**

Nichtflüchtig Speicher = Daten bleiben stromlos **erhalten**

SSD-Festplatte

Solid-**S**tate-**D**rive, kurz auch SSD-Festplatte genannt, ist ein weiteres nichtflüchtiges elektronisches Speichermedium der Computertechnik. Die Bauform und die elektrischen Anschlüsse können, müssen aber nicht aussehen, wie für Laufwerke mit magnetischen oder optischen Speicherplatten. So können sie auch als PCI Express-Steckkarte auf der Motherboard ausgeführt sein.

Die Bezeichnung „Drive" („Dreif"), auf Deutsch auch Laufwerk genannt, ist ein Datenspeicher. Es handelt sich nicht um ein Laufwerk im ursprünglichen Sinn, bewegliche Teile sind in SSD nicht enthalten. Auf dem Bild seht ihr eine SSD-Festplatte, die aus dem Gehäuse entfernt wurde. Es sind nichtflüchtige elektronische Bausteine, oder auch Speicher-Chips genannt.

INFO! Durch das Fehlen beweglicher Bauteile sind SSD-Festplatten gegenüber herkömmlichen Laufwerken mechanisch wesentlich robuster, haben sehr kurze Zugriffszeiten und erzeugen keine Geräusche. Im Vergleich zu mechanischen Festplatten gleicher Größenordnung sind sie aber bis zu 5 bis 10 Mal teurer.

Christina hat es bereits begriffen. SSD-Festplatten sind also die Datenspeicher der Zukunft!

Motherboard

Auf der Motherboard („Moserbord") laufen alle Rechenoperationen ab, so zum Beispiel für die Bildschirmausgabe im Monitor, oder der USB-Buchse für externe Geräte, also alle Geräte die man von außen an den Computer anschließen kann.

Dazu gehören auch die Computermaus und die Tastatur. Hier sitzt auch der kleine ROM-Speicher für das Hochfahren (Booten) des Computers, sowie die Speichererweiterungsblöcke, den gleich noch beschriebenen sogenannten RAM-Speicher.

Die Ausgangs-Buchse für Lautsprecher ist ebenfalls vorhanden. Außerdem sind auf der Motherboard die Netzwerkanschlüsse installiert, auch RJ45-Steckplatz genannt, um sich mit dem Internet und anderen Netzwerk-Geräten verbinden zu können. Man nennt diesen Steckplatz auch Ethernet („Isernet") - Schnittstelle.

Slot

Als Slot bezeichnet man alle Einsteckplätze, auf der großen Motherboard-Karte, die im Computer angebracht sind. Da gibt es verschiedenste Kartenplätze. Die gängigsten sind der PCI-Slot und der PCIe Express-Slot. Zu unterscheiden sind sie an den unterschiedlichen Einsteckgrößen, der Farbe des Slot und an ihre Schnelligkeit, die man aber nicht sehen, sondern nur messen kann.

Ein weiterer Karten-Steckplatz wäre der AGP-Port, kommt aber nicht mehr so häufig vor und wird hauptsächlich von älteren Grafikkarten benutzt.

Grafikkarten

PCI, oder PCIe-Kartenplätze werden größtenteils für schnellere Grafikkarten von Gamern (Spielern) genutzt, um eine bessere Monitorauflösung zu erreichen.

Auf diesen Grafikkarten befindet sich eine eigene CPU (Prozessor), damit die Bildschirmausgabe auch schneller läuft, und somit der Rechner nicht mit der Berechnung der Bildschirmausgabe belastet wird und somit nicht ins Stocken kommt.

RAM-Speicher

Ein RAM Speicher ist ein flüchtiger Speicher. Schaltet man den Strom ab, oder schaltet man den Computer aus, sind alle gespeicherten Informationen in ihm wieder weg.

Speichererweiterungen für PC oder Laptop, sowie für Mac, sind RAM-Speicher Erweiterungsblöcke, man sagt auch manchmal „Speicher-Riegel" dazu.

Sieht fast so aus wie ein Schokoladen-Riegel, oder?

ROM-Speicher

Rom-Speicher behalten alle Informationen, somit ist er ein nichtflüchtiger Speicher, auch nach dem Abschalten des Computers. Es sei denn, man überschreibt ihn gewollt mit neuen Daten.

Dazu gehören unter anderem CD-ROM, DVD-ROM, Blue-Ray-ROM. Aber auch fest eingebaute Bausteine, wie der BIOS („Beios") -ROM in Form eines Chips.

Dieser ist wichtig, denn im Innern des Chips ist ein kleines Programm eingebrannt, das nur dazu dient, den Computer einzuschalten. Man sagt auch Hochfahren oder Booten („Buten") des Rechners

CPU

Das eigentliche Herz des Computers sitzt unter einen Lüfter, weil es durch eine immense Rechenleistung immer sehr heiß wird, und nennt sich auch „Prozessor".

Die CPU ist für die Rechenleistung verantwortlich und das kostet leider seinen Preis. Es gilt, je schneller und Leistungsfähiger sie ist, desto teurer.

Nicht alle CPU´s passen in die Selbe Motherboard hinein. Bei Kauf muss man schon darauf achten, welches Board für welche CPU geeignet ist.

USB-Port

USB ist eine Anschlussverbindung zu externen Geräten. Sie wird auch serielle Schnittstelle genannt, und dient zur Kommunikation aller außerhalb des Computers stehender Computergeräte. Das kann ein Drucker sein, die Tastatur, die Computermaus, ein externer DVD-Brenner, eine externe Festplatte, oder auch einen USB-Stick zum Mitnehmen, um sich mit Daten andere Computer auszutauschen.

Netzwerk-Gateway

Netzwerk-Gateway: („Geetwey") In der Computerwelt bedeutet es „Übergang" und ist eine Schnittstelle zwischen zwei Geräten. Mit einem Gateway werden auch Computer bezeichnet, die eine Verbindung zweier Netzwerke miteinander ermöglichen. Das kann ein eigenständiges Firmen-INTRANET zur Steuerung von

Maschinen, in Verbindung mit dem externen weltweiten INTERNET sein. Man sagt auch „www" dazu.

Die komplette Befehlszeile könnte etwa so heißen: http://www.Domain.de. Für „Domain" käme dann der jeweilige Firmenname hinein. „De" steht für Deutschland. Dabei kann das Firmennetz z.B. mit einen LINUX- oder UNIX-Betriebssystem laufen und verbindet extern aus dem zweiten Netzwerk z.B. einen windowsbasierten Computer. Das macht man, um vor Angriffen vor Computer-Hackern geschützt zu sein.
Leider werden die meisten Computervirenangriffe über das Betriebssystem Microsoft Windows eingeschleust. Das ist so, weil dieses Betriebssystem auf den meisten Rechnern installiert ist.

Sven weiß jetzt, dass Hacker böse Buben sind, die nichts Gutes im Schilde führen. Deshalb ist er vorsichtig mit dem Anklicken fremden Webseiten.

Microsoft, Windows

Microsoft: So heißt die Firma, die als Erste ein textbasiertes Betriebssystem namens MS-DOS (Microsoft Disketten Operations-System) für Rechner einführte, so um 1981 herum.

Alles musste damals mühselig von Hand eingetippt werden. Es hatte in einer Garage angefangen. Einer der drei Gründer von Microsoft heißt übrigens Bill Gates. Bestimmt habt ihr schon einmal von ihm gehört, er ist nämlich der reichste Mann der ganzen Welt.

Windows von der Firma Microsoft, sowie macOS von der Firma Apple gab es zu MS-DOS Anfangszeiten noch lange nicht, die konnte man erst ca. 10 Jahre später als Betriebssysteme erwerben. Damit konnten man nicht nur Texte eintippen und verwalten, es wurde plötzlich alles bunter, feiner aufgelöst und in Bildschirm-Fenstern mit der Computermaus gesteuert.

Das war ein großer Sprung in der Computertechnik. Später konnte man sogar mit dem Finger auf dem Bildschirm fahren um Befehle auszuführen, wie auch auf dem Smartphone. Ihr Kids könnt euch das sicherlich alles gar nicht mehr anders vorstellen, oder?

Apple, macOS

Apple: so heißt die Firma, die heute gar nicht mehr aus der Rechner- und Smartphone-Welt wegzudenken ist, schon wegen der vielen Erfindungen wie iMAC, iPhones, iPod, iPad und mehr.

Einer der zwei Gründer von Apple hieß Steve Jobs, er ist leider schon viel zu früh verstorben. Steve Jobs war der eigentliche Erfinder und Motor der fenstertechnischen Monitordarstellung, noch vor Bill Gates. Apple benutzt ab September 2016 das Betriebssystem **macOS** 10.12.1, auch namentlich aktuell in der Version „Sierra" bekannt. Es ist der Nachfolger von „El Capitan".

Ein iMAC ist leider nicht mit einen Windows-PC kompatibel. Ein Betriebssystem macOS -X lässt sich auf keinen herkömmlichen PC oder Laptop installieren!

Software

Software: Der Computer ist erst einmal dumm, er weiß so recht gar nicht was er zunächst machen soll. Dafür gibt es aber Programme die erst einmal geschrieben werden müssten, die sogenannte „Software". Diese Software wird dann auf eurem Computer gespeichert und von euch oder anderen Bedienern später ausgeführt.

Wie schon unter Hardware beschrieben, gibt es zunächst ein kleines Programm in einem ROM-Speicherbaustein, es ist also ein nichtflüchtiger Speicher, um den Computer nach dem Einschalten erst einmal in Start-position zu bringen. Das kleine Programm in diesem ROM-Baustein nennt sich BIOS („Beios"). Nach dem Hochfahren (dem Booten) erwartet der Computer unsere Eingaben.

Betriebssysteme

Wenn man ein Computer einschaltet, wird zuallererst ein Urladeprogramm gestartet, das sogenannte BIOS. Es werden die Hardware (Geräte) im Rechner erkannt und erst jetzt startet das eigentliche Betriebssystem.

Hier unterscheidet man zwischen ein 32 Bit, oder ein 64 Bit-System.

Kurz und bündig!

Ein 64 Bit-System läuft viel schneller als ein 32 Bit-System. Zu einer 64 Bit basierten Hardware gehört natürlich auch die passende 64 Bit-Software.

Eine 32 Bit-Software läuft nicht auf ein 64 Bit-System.

Betriebssysteme: WinXP, WinVista, Win7, 8, 10, Apple macOS, Linux, Unix u. andere. Sie alle sind Befehlsgeber, oder auch Interpreter genannt, und geben den Computer eine grafische, oder textbasierte Bedienoberfläche.

Programmiersprachen

Programmiersprachen: C++, php, html, Java und Weitere. Sie alle setzen eine lesbare „SYNTAX" (Computersprache) in einen Maschinen-Code um. Dieser Code besteht aus unzähligen mathematischen Einsen und Nullen, die aber unüberschaubar für den Programmierer wäre. „11100010" ist ein Beispiel-Word.

Diese „Einsen und Nullen" nennt man auch Bits und Byte. 8 Bit sind ein Byte. Sie steuern den Rechner mit eigenen Programmierbefehlen. Viele Menschen sind damit beschäftigt, das passende Programm zu entwickeln, damit wir USER, auch Anwender oder Bediener genannt, den Computer eben bedienen können.

Dazu gehören zum Beispiel Spiele, Schreibprogramme, Zeichen- und Mahlprogramme, Programme zum Abspielen von Musik oder Videofilmen, Programme zur Gestaltung von Internetseiten, aber auch Programme um Maschinen zu steuern.

Terminal

Terminal: Unter einem Terminal, oder auch Client („Kleint") genannt, versteht man eine komplette Computerbedieneinheit, das mit anderen Computersystemen an einem Zentralcomputer, oder auch Server genannt, verbunden ist. Diese Terminals können an völlig verschiedenen Orten stehen, denn sie sind ja über das Internet miteinander verbunden. Der Server steht zentral an einer Stelle und wird von den sogenannten Administratoren verwaltet.

Beispiel Urlaubsplanung:

Wenn zum Beispiel zwei Menschen, in München und in Hamburg gleichzeitig ein einmaliges Urlaubangebot eines Reiseunternehmen buchen wollten, wird der den Zuschlag bekommen, dessen Reiseleiter als erster in die Tasten seines Terminals (Computertastatur) gedrückt hat und sperrt so gleichzeitig den Anderen. Ohne Computer wäre das gar nicht mehr möglich. Früher musste dieses alles mühselig telefonisch ausgehandelt werden, und das ging sehr oft schief. Es wurden so nicht selten Doppelbuchungen von Hotelzimmern getätigt.

Administrator

Unter einen Administrator, manchmal auch nur „ADMIN" genannt, versteht man eine Person, der/die über alle Geheimnisse des Servers eingeweiht sind. Er/sie bestimmt, welcher User (Bediener) was auf den Clients machen darf. Ihr könnt ja verstehen, dass es nur ganz wenige vertrauenswürdige Personen sein können, damit kein größerer Unfug getrieben werden kann, und das könnten ganz wichtige Dinge sein. So verwalten sie Kundendaten, die niemand anderer wissen soll und darf. Natürlich unter strengster Geheimhaltung, versteht sich.

Jetzt wisst ihr schon, und da bin ich mir jedenfalls ganz sicher, dass ihr Hardware und Software unterscheiden könnt, ihr seid ja sozusagen jetzt schon kleine echte Profis und könntet euren Schulkameraden schon einiges erzählen, oder?

Hand drauf!

In kurzen Worten wiederholt:

Hardware ist eigentlich alles was man fühlen, sehen und ertasten kann.

Software läuft im Hintergrund und erledigt und rechnet für uns im Rechner alles aus.

Internet

Damit man nicht einsam und allein an seinem Computer verweilen muss, und weil man mit anderen Menschen gerne Kontakte knüpfen, oder E-Mail schreiben möchte, wurde das Internet für alle Menschen geschaltet. Natürlich kann man auch noch andere Dinge im Internet tun.

Eigentlich war es ursprünglich einmal für das amerikanische Militär erfunden worden, aber dann wurde es doch der allgemeinen Menschheit zur Verfügung gestellt.

So kann man auf der ganzen Welt Verbindungen mit anderen Menschen aufnehmen, egal ob sie in Afrika, Amerika, hier in Europa, oder sonst wo auf der Welt wohnen. Ohne Internet geht heutzutage nichts mehr.

Das weltweite Internet ist eine Verbindung zwischen den Computern Zuhause und den Internetversorgern, den sogenannten Providern.

Provider

Die Provider („Proweider") regeln den gesamten Datenverkehr im Internet und verbinden die Computer untereinander. Dies geschieht entweder über die Telefonleitung, DSL-Leitung, Glasfaserkabel, oder über das Fernsehkabel. Der sogenannte LAN-Zugang.

Provider bieten den Kunden, also uns, einen Internetzugang mit unterschiedlichen Geschwindigkeiten an.

Es gilt, je schneller, umso teurer!

Meist werden auch noch eine kostenlose Email-Adresse, oder auch eine Cloud (zu Deutsch Wolke), meist kostenpflichtig angeboten. Das ist ein Speicherplatz auf einer Server-Festplatte des Providers, auf dem man seine Fotos, oder elektronischen Dokumente über das Internet ablegen kann.

Browser

Der Browser („Brauser") ist die Bedienoberfläche für das Internet und wird in den Programmiersprachen wie html, php, Java oder einer anderen Syntax (Computersprachen) geschrieben.

Die Internet-Befehlszeile innerhalb des Browser lautet „http://www.Domain.de". Domain steht für die eigentliche Internetadresse, die ihr Besuchen wollt.
Das *„http://www"* braucht ihr aber nicht mit eintippen, es sei denn, es handelt sich um eine sichere Website, dann gebt das „http**s**:// mit ein"! Sonst einfach Domain in die Browserzeile eintippen.

Mario weiß jetzt genau, wie man ins Internet kommt. Internetadresse in den Browser eintippen und auf die „Return-Taste" drücken, das war´s.

Router

Der Router ("Ruter") steht bei euch Zuhause entweder im Keller, auf dem Schreibtisch oder auf einer Kommode innerhalb der Wohnung und verbindet alle Computergeräte im Haushalt mit- und untereinander, um sie dann gemeinsam mit dem Internet zu verbinden. Dies geschieht über das LAN-Kabel.

Innerhalb der Wohnung werden die Geräte meist mittels WLAN (drahtlose Funkverbindung) über den Router mit dem Internet verbunden.

Damit keine fremden Leute über euren WLAN-Anschluss und auf eurer Elterns Kosten ins Internet gehen können, wird der Zugang durch Verschlüsselung und Passwortabfrage geschützt.

Editor

Editoren im Sinne von Software verwandelt die für den Menschen lesbare Programmiersprache in einen Maschinencode um, den sogenannten Bits und Bytes (das sind Nullen und Einsen), die wiederum nur der Computer versteht.

„Word" von der Firma Microsoft ist zum Beispiel ein solcher Editor. Man schreibt ganz normal mit der Tastatur seinen Text, aber der Rechner übersetzt es mittels Editorprogramm in Maschinencode um.

Das gleiche gilt auch für Zeichnungs- und Malprogramme, Erstellungssoftware für Webseiten und vieles, vieles mehr.

Ich kann sie euch gar nicht alle aufzählen.

Link

Es ist eine elektronische Verbindung (Verknüpfung) zu einer anderen Stelle hin, meist zu anderen Internetseiten (Webseiten), es kann aber auch innerhalb der gleichen Webseite sein und so zu einer Textpassage verbinden. Man erkennt einen Link auch daran, dass er meist in einer anderen Farbe dargestellt wird und unterstrichen ist.

Das ist aber nicht immer der Fall, es richtet sich danach, mit welchem Editor-Programm die Webseite geschrieben wurde und wie der Programmierer es eingestellt hat.

Hier ein paar Beispiele, wie ein Link funktioniert. Wenn ihr im Internet seid, klickt einfach mit der linken Maustaste auf einen Link, dann macht sich ein neues Bildschirmfenster im Browser auf.

Wenn ihr unterstrichene, meist farblich anders dargestellte Schrift seht, handelt es sich um einen Link.

www.blinde-kuh.de
www.my-KidsWorld.de
www.mauswiesel.bildung.hessen.de

Wenn ihr das neue geöffnete Fenster wieder schließen möchtet, einfach oben rechts auf das Kreuzchen klicken, und ihr seid wieder auf eurer Start-Webseite.

Anker-Link:

Klickt ihr z.B. auf einen Anker-Link werdet ihr auf einen zuvor gesetzten Anker (man sagt auch Sprungadresse) verlinkt. Das macht man vor allem auf sehr großen Webseiten oder Dokumentationen, so wie diese hier, damit man nicht mit der Maus mühselig hin und her herumscrollen muss. Scrollen bedeutet, mit dem Maus-Rad die Webseite hoch- oder runterschieben.

Was ist eine Website?

Website („Webseit"), zu Deutsch Webseite, ist eine Internetpräsenz eines Anbieters und wird auch Domain genannt. Meist werden sie geschäftlich genutzt, um eine Ware oder diverse Dienstleistungen anzubieten.

Natürlich kann man auch privat im Internet auftreten, um seinen Freunden von sich zu erzählen. Aber auch hier gilt, wenn schon öffentlich im Internet auftreten, dann gebt nicht zu viele Persönliche Daten bekannt. Denkt immer daran, dass jeder der von eurer Website erfährt, auch alles für sich nutzen kann. Fälschlicherweise wird immer wieder von einer Homepage („Hompäitsch"), zu Deutsch Heimseite gesprochen.

Merke: Eine Website umschreibt immer den gesamten Internetauftritt, eine Homepage beschreibt immer die erste Start- oder Heimseite dieser gesamten Website!

Was ist eine Frame?

Frame: Unter einer Frame („Fräim"), zu Deutsch Rahmen, versteht man eine Aufteilung der Webseitenoberfläche unterteilt in feste Abschnitte, die mit Informationen gefüllt werden. Somit ist das Gesamtbild auf allen Unterseiten immer gleich aufgeteilt. Oben im Kopf wäre immer die Überschrift oder das LOGO einer Firma zu sehen, während sich in der Frame-Mitte verschiedene Daten oder Bilder von Seite zu Seite verändern könnten. Links wäre dann die Navigation (Menü), um zu Blättern.

Beispiele: Frame- Unterteilungen

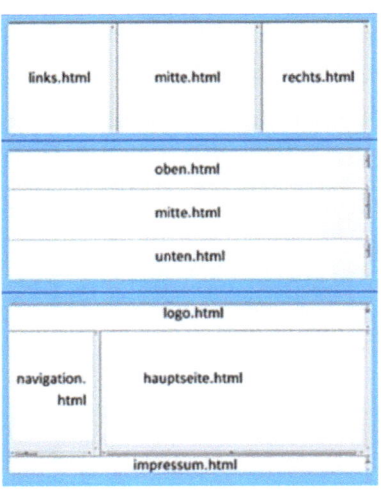

Diese Website, und alle Unterseiten sind in drei Haupt-Felder unterteilt.

Oben - Mitte - Unten

Diese wiederrum in weitere Felder. Der Vorteil ist, dass man auf allen Seiten immer die gleiche Aufteilung vorfindet, jedoch werden sie alle mit anderen Informationen gefüllt. So wird ein einheitliches Erscheinungsbild bewart.

Ganz unten ist das Impressum zu finden. Was das ist erzähle ich gleich.

was ist eine iFrame?

IFrame: Unter einer iFrame („Eifräim") versteht man eine Rahmensetzung innerhalb der eigenen Webseite, in der eine fremde Webseite angezeigt wird.

So geschehen auch auf meiner Internetpräsentation von „my-KidsBits.de". Im oberen Teil ist der Originalkopf von my KidsBits zu sehen, im mittleren Teil habe ich die Internetpräsentation von der Domain „Internet-abc.de" eingeblendet. Das seht ihr später noch einmal unter dem Thema „Surfschein".

Was ist ein Impressum?

Im Impressum muss der Anbieter einer geschäftlichen Website einige Daten von sich preisgeben. Das hat den Grund, dass man weiß, mit wem man es zu tun hat. Das ist zum Beispiel wichtig, wenn man online über das Internet etwas bestellen möchte. Erst einmal schauen, wer der Anbieter ist. Wenn man unsicher ist, kann man sich auch unter dem Google-Suchfenster Informationen einholen.

Vorsicht ist bei ausländischen Adressen geboten, weil dort andere Gesetze gelten. Sollten nur Handy-Nummern anstelle von Festnetztelefonnummern erscheinen, ist ebenfalls Vorsicht geboten, weil man niemals weiß, wo sich der Firmeninhaber befindet.

Typisches Impressum:

Firmenname
Name, Nachname
Adresse
PLZ / Ort
Telefon
E-Mail-Adresse
Steuernummer

Für eine private Website ist das noch nicht Vorschrift.

Soziale Netzwerke:

Ich nenne sie jetzt absichtlich nicht beim Namen, weil es so viele Anbieter gibt, aber ihr wisst bestimmt schon welche ich meine, oder? Es ist immer schön, mit seinen Freunden im Internet zu kommunizieren.

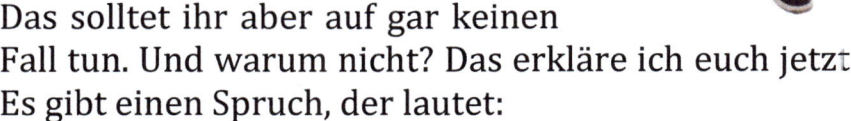

Man tauscht die letzten Nachrichten aus, gibt Fotos der vergangenen Sause oder Party zur Schau und gibt manchmal leider auch zur Belustigung anderer Personen, anstößige Fotos an Freunden weiter.

Das solltet ihr aber auf gar keinen Fall tun. Und warum nicht? Das erkläre ich euch jetzt. Es gibt einen Spruch, der lautet:

„Im Leben bekommt man nichts geschenkt".

„Unsinn" denkt ihr jetzt, *„ist doch alles umsonst"*!

Falsch, das Eintreten in die Fan-Gemeinschaft mag zwar auf den ersten Blick kostenlos sein, aber die Herren, die das im Internet zur Verfügung gestellt haben, machen sich ja nicht all die Arbeit für die Katz! Ihr müsst einfach wissen, dass von jeder Person die sich registrieren lässt, ein Benutzerprofil erstellt wird.

Benutzerprofil

Benutzerprofil: Was ist das? Von jeder Person, die privates oder geschäftliches im Internet postet (einstellt) kann man nach einiger Zeit genau feststellen, was er/sie mag, was er/sie alles so treibt, wo er/sie gerne hingeht, mit wem er/sie sich trifft.

„Na und", denkt ihr jetzt, *„ist doch alles nicht so schlimm"!*

Wie schlimm das ist werdet ihr dann daran merken, wie voll eure E-Mail-Postfächer plötzlich mit Reklame sind und die Bildschirme voller Popup-Fenster mit einer gezielten Werbung erscheint. Ihr werdet nur so mit Werbung überhäuft, die gezielt auf eure Internettätigkeiten basieren. Es lassen sich so noch viel mehr unangenehme Dinge mit euren Daten bewerkstelligen, ihr bekommt von alledem leider nichts mit. Die Communitys finanzieren sich ausschließlich mit Werbeeinnahmen der Händler, die etwas verkaufen möchten. Es gibt aber auch „böse Buben", die ihren Spaß daran haben, wenn andere ihren Computer nicht mehr bedienen können, indem sich Computerviren durch euren Link-Klick in der E-Mail auf euren Rechner entfalten.

Das gleiche gilt auch für das Posten mit dem Smartphone, oder wenn ihr unsinnige kostenlose APPs (Applikationen) herunterladet, in denen sich Spionageprogramme befinden, die Benutzerprofile von euch erstellen! Zu viele und unsinnige Apps machen eurer Smartphone auch noch zur lahmen Ente. Und was ist mit euren Fotos, die ihr schon ins Netz gestellt habt?

Dazu müsst ihr wissen, dass in einer offenen Community (Kommunikationsplattform) jeder Zugriff auf eure Fotos hat. Rechter Mausklick und dann gespeichert, schon hat man das Foto.

„Na und, was kann einer schon mit meinem Foto anfangen", sagt ihr vielleicht jetzt?

Stellt euch einmal vor, jemand hat keinen Bock auf dich, möchte dich verletzend im Internet zur Schau stellen und erstellt sich anonym ein Account (Zugang). Jetzt klaut er/sie dein Foto, schreib unsinniges Zeug über dich daher, postet dein Foto dazu und du bist in der ganzen Gemeinde oder in der Schule blamiert. Das ist alles schon passiert. Jetzt möchte ich euch nicht alles vermiesen, aber ihr solltet schon wissen, dass einmal ins Internet gestellte Fotos so gut wie nicht mehr zu entfernen sind. Sie werden auf immer und ewig im Internet verbleiben, auch wenn ihr meint, sie gelöscht zu haben.

„Toll, dann bin ich ja verewigt und alle Welt kennt mich jetzt", meint ihr jetzt.

Bedenkt einmal! Wenn ihr später einmal erwachsen sein werdet, findet ihr es vielleicht gar nicht mehr so cool, wenn ihr auf alte belustigende Fotos von euch aus der Vergangenheit, vielleicht sogar von euren eigenen Kindern, aufmerksam gemacht werdet.

Das Internet vergisst nichts!

Eines möchte ich euch aber noch mit auf den Weg geben.

Wenn ihr schon in soziale Netzwerke eintreten möchtet, oder dort schon angemeldet seid, haltet euch bitte an Anstand und Sitte.

Überlegt genau, was ihr da so alles hineinpostet. Vergesst bitte nicht das Häkchen zu setzten, dass eure Seite auf *„nur Privat"* stellt, damit nicht „alle Welt" sieht was ihr so im Internet macht oder gemacht habt. Macht euch nicht über andere Personen lustig, denn schon morgen könntet nicht ihr die Täter, sondern auch das Opfer sein!

Adresse, Geburtstag, Telefonnummer geht keinem etwas an. Eure Freunde kennen die Daten eher schon aus persönlichen Gesprächen mit euch. Sucht euch einen schönen Nick-Namen aus, dann weiß kein Fremder, wer ihr seid.

Silvia hat sich bereits einen schönen Nick-Namen ausgesucht und nennt sich jetzt „Eisfee".

Also, keine privaten Daten ins Internet!

Chatten

Unter Chatten ("Schetten") versteht man die Kommunikationsmöglichkeit zwischen zwei oder mehreren Usern (Teilnehmer) im Internet. Es gibt offene Chaträume, in denen sich mehrere User gleichzeitig schreiben können, oder geschlossene Chaträume, in denen sich meist nur zwei Teilnehmer aufhalten, weil es dann intimer (privater) zugehen kann. Wenn man einen Chatraum betritt, weiß man meist nie mit wem man es zu tun hat, da alles anonym und im Verborgenen mittels „Nickname" (einen ausgedachten lustigen Namen) geschieht. Du siehst dein Gegenüber meist nicht und weißt auch nicht, ob es wirklich der Mensch ist, für den er/sie sich ausgibt. Es sei denn, ihr habt eure Web-Cam (Kamera) aktiviert. Da sieht man sein Gegenüber, aber man weiß immer noch nicht, ob er/sie die Wahrheit über sich sagt.

Auf jeden Fall sollte man nie seinen richtigen Namen angeben, sondern z.B. *„Zwiggi1", „Micki Maus"* oder wie auch immer ihr heißen wolltet, aussuchen. Gebe auch nicht eure Telefonnummer oder Adresse fremden Menschen preis, sonst könntest du und deine Familie im Nachhinein noch unangenehm belästigt werden!

Bitte nur Nick-Name angeben!

Lest bitte dazu auch die Sicherheitshinweise „Chatten" der Redaktion auf und von „Blinde-Kuh

www.blinde-kuh.de/sicherheit/chatten.html

Jetzt möchte ich euch aber keine Angst bereiten. Wer sich anständig benimmt und sich mit einer gewissen Portion Vorsicht im Internet aufhält, der geht den sicheren Weg.

E-Mail @

"elektronisches, oder digitales Postfach"

E-Mail: Liebe Kids, sicherlich habt ihr schon ein E-Mail-Postfach und schreibt an eure Freunde die Tageserlebnisse, oder verabredet euch für den nächsten Tag mit ihnen. Vielleicht wollt ihr auch nur die neuesten Fotos verschicken.

Was, ihr habt noch keines? Dann gebe ich euch auf jeden Fall mal einige Tipps mit auf dem Weg, so oder so! Zunächst möchte ich euch sagen, egal wo ihr es eröffnet habt oder noch vorhabt zu tun, seit vorsichtig damit, wem ihr euer E-Mail-Postfach gebt.

Bei leider allzu vielen Internetanbietern wird immer wieder nach eurem E-Mail-Postfach gefragt, obwohl man sich gar nicht registrieren möchte. Das solltet ihr nicht angeben, auch auf die Gefahr hin, dass ihr nun nicht den erwünschten Erfolg auf diese Webseite habt. Zur Not fragt ihr lieber vorher eure Eltern oder eine erwachsene Person eures Vertrauens.

Grund und Zweck ist meistens nichts Anderes, als euch mit Werbung voll zumüllen. Das wäre jetzt aber noch das kleinere Übel. Viel schlimmer ist, dass ihr innerhalb solcher E-Mails aufgefordert werdet, einen Anhang unbekannter Art zu öffnen oder eine unbekannte Adresse (Link) anzuklicken. Das könnten versteckte Knebel-Verträge sein, für die ihr oder eure Eltern dann zahlungspflichtig gemacht werden könntet.

Es könnten aber auch versteckte Computerviren sein, die euren Computer vielleicht lahmlegen oder ausspionieren möchten. Gebt nie eure Zugangsdaten auf Anfrage irgendwelcher Personen an. Passwörter sowieso niemals an andere Personen weitergeben, auch wenn sie vehement danach fragen, außer an euren Eltern vielleicht. Das ist halt eine Vertrauenssache. Aber das solltet ihr auch haben, oder?

Tipp zwei:

Legt euch immer zwei getrennte E-Mail-Postfächer gleichzeitig an, eines nur für die besten Freunde und nur für die, und eines für das alltägliche Onlinegeschäft. Wenn ihr einmal merken solltet, das der Werbemüll in eurem zweiten E-Mail- Postfach zu groß werden sollte, einfach aufgeben und ein neues aufmachen. Eure Freunde können euch in diesem Fall aber immer noch über das vertrauenswürdigere erste E-Mail-Postfach erreichen.

E-Mail-Anhang:

Das sind kleinere Programme, Schriftstücke oder Fotos, die mit einer E-Mail einfach mitgeschickt werden. Diese Anhänge sollte der Empfänger aber nur dann öffnen, wenn der Absender echt bekannt ist. Bei fremden E-Mails lieber die Finger, ehhhh... den Mausklick davonlassen. Stichwort: Computerviren!

Keine fremden Anhänge öffnen!

Wichtige Kids-Infos

Kids-Infos: Das Posten (einstellen) fremder Fotos, oder selbstfotografierter Fotos von anderen Personen, die ihr vorher nicht schriftlich um Erlaubnis gefragt habt, ist gesetzeswidrig und wird von unseren Gesetzgeber unter Umständen unter empfindlicher Strafe gestellt!

Nicht selten wird man auch bestraft, wenn man geklaute Fotos aus dem Internet in seine Webseite einbaut. Strafe kann es auch für Fotos geben, die ungefragt von anderen Personen kopiert und gepostet wurden und die ihr dann mit „Teilen" angeklickt habt. Woher wollt ihr denn wissen, ob diese kopierten Fotos nicht auch schon geklaut und dann ins Internet gestellt wurden? In diesem Augenblick seid ihr der/die Verteiler dieser unerlaubten Fotos. Seid einfach mit dem Klick auf Teilen vorsichtig, dann geht ihr kein unnötiges Risiko ein!

Euer Lollo.

Wichtige Eltern-Infos

Liebe Eltern, ich habe mich bemüht, alle Beschreibungen in diesem Buch so kindergerecht wie nur nötig zu halten, dabei bin ich absichtlich nicht zu tief in die Materie eingegangen, aber ganz ohne Fachbegriffe geht es leider auch nicht. Es gebe sicherlich mehr über Computer zu berichten, aber mir ging es hauptsächlich darum, immer wiederkehrende Begriffe zu erklären.

Begleiten Sie Ihre Kinder am Anfang ihrer ersten Internetbekanntschaft, damit sie sich mit unverstandenen Dingen fragend an Sie richten können.

Kinder-Server:

Sie möchten ganz auf Nummer Sicher gehen? Dann richten Sie doch einen Kinder-Server ein. Hier geben Sie nur die Webseiten frei, die Sie für richtig halten. Der Kinder-Server verhindert, dass Kinder zufällig oder gewollt auf Internetseiten stoßen, die nicht kindgerecht sind. Sie werden nicht mit Bildern und Inhalten konfrontiert, die ihnen Angst bereiten oder die sie beeinträchtigen können. Wie man das macht, erfahren Sie im Internet unter:

http://www.kinderserver-info.de

weitere wichtige Information!

Liebe Eltern, leider posten viele stolze oder ehrgeizige Eltern Fotos ihrer Kleinstkinder und Kinder in den Communitys. Das ist zwar noch nicht verboten, aber auch nicht richtig, weil diese Kinder meist nicht gefragt wurden, sich aber auch nicht ernsthaft dagegen wehren können.

Andere böse Menschen, und davon gibt es viele, könnten diese Kinderfotos dann für Dinge benutzen, die strafbar wären und das können verantwortungsbewusste Eltern wirklich nicht wollen, oder sie machen sich aus Unwissenheit darüber einfach keine Gedanken.

Nicht selten werden Eltern in späteren Jahren von ihren mittlerweile erwachsenen Kindern angezeigt, weil sie eben Fotos aus deren Kinderzeit von ihnen in den „Sozialen Netzwerken" unverblümt verbreitet haben. Das ist schon sehr familienfeindlich.

Surfschein

Surfschein: Liebe Kids, wenn ihr euch nun schon im Internet einigermaßen auskennt, könntet ihr auch einen „Surfschein" machen. So wie die Erwachsenen einen Führerschein für das Auto machen.

Aber keine Angst, solltet ihr etwas nicht wissen, dann könnt ihr immer wieder von vorn anfangen und lernt gleichzeitig, was man im Internet beachten, und was man besser lassen sollte. So habe ich es mit Tom auch schon vor zwei Jahren gemacht, da war er gerade 8.

Dazu verbindet ihr euch einfach auf meine Kinderseite my KidsBits. Gebt dazu bitte folgende Adresse in euren Browser ein

www.my-kidsbits.de/surfschein.htm

und klickt anschließend auf den Surfschein. Ich verbinde dann weiter auf „Internet-abc.de". Von dort aus werdet ihr zu dem Surfschein geführt. Probiert es doch einfach einmal aus. Und Experte „Eddie" gibt euch Tipps dazu.

Lasst euch bitte von euren Eltern oder einer erfahrenen Person helfen, wenn ihr Fragen dazu habt.

Viel Spaß dabei!

Zu guter Letzt

Meine und andere interessante und sicheren Kinderwebseiten

www.my-KidsBits.de		www.my-KidsWorld.de

 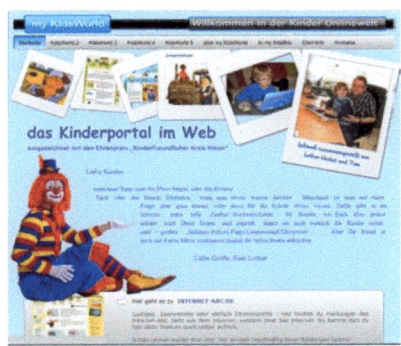

Diese beiden Kinder-Webseiten habe ich im Internet veröffentlicht und möchte euch die dort geschriebenen Informationen jetzt in Buchform zur Verfügung stellen.

Es ist auch ein sehr gutes Nachschlagewerk, während ihr gerade am Rechner sitzt, vielleicht im Internet surft und unverstandene „Schlagwörter" so nachlesen könnt.

My KidsBits

Unter dieser Kinderwebseite könnt ihr alle hier gelesene Informationen auch im Internet wiederfinden, dazu habe ich es ein wenig lustig gestaltet, damit es euch nicht so langweilig für erscheint.

My KidsWorld

Auf dieser Kinderwebseite habe ich euch viele, Internet-Verbindungen „**Links**" bereitgestellt. Ich verbinde euch zu werbefreien Kinderwebseiten, damit euch die Erwachsenen in eurem Tun in Ruhe lassen und keine störende Werbung eingeblendet wird. Das passiert auf den Erwachsenen-Webseiten sehr häufig.

Ganz wichtig!

So habe ich Webseiten ausgesucht, auf denen es keine versteckten Verträge durch falsches Anklicken gibt. Das kann ich verständlicherweise aber nicht täglich kontrollieren.

Und Clown „Lollo" ist auch wieder dabei!

Lothar Herbst

Kids & Bits

Rechner und Internet für Kinder

ISBN: 978-3-743163126